认名车

童心 编

化学工业出版社
·北京·

编绘人员名单：

王艳娥　于冬晴　宁天天　董维维　李　娜　陈雨溪　孙雪松　张云廷

图书在版编目（CIP）数据

童眼识天下. 认名车 / 童心编. —北京：化学工业出版社，2018.5（2024.8重印）

ISBN 978-7-122-31899-2

Ⅰ.①童…　Ⅱ.①童…　Ⅲ.①常识课-学前教育-教学参考资料　Ⅳ.①G613

中国版本图书馆 CIP 数据核字（2018）第 069060 号

项目策划：丁尚林　　　　　　　　　　　　　　责任校对：宋　夏
责任编辑：隋权玲　　　　　　　　　　　　　　美术编辑：尹琳琳

出版发行：化学工业出版社（北京市东城区青年湖南街13号　邮政编码100011）
印　　装：北京宝隆世纪印刷有限公司
889mm×1194mm　1/24　印张4　2024年8月北京第1版第8次印刷

购书咨询：010-64518888　　　　　　售后服务：010-64518899
网　　址：http://www.cip.com.cn
凡购买本书，如有缺损质量问题，本社销售中心负责调换。

定　　价：22.80元

车标是汽车品牌的标志。就像人们用身份证、户口本来证明自己的身份一样，汽车也有属于它们的"身份证""户口本"，那就是各种品牌的标志。

宝马的车标并不像很多人想的那样带有骏马，只是由蓝、白相间的黑色圆标与"BMW"三个字母组成；兰博基尼的车标是一头肌肉健硕、充满斗志的斗牛；奔驰的车标很简洁，是一个中间有着三叉星的单圆；本田的车标是一个带框的大写"H"……

《认名车》一书精选了45种中外著名汽车的标志，介绍了车标寓意、品牌由来和车的性能特点以及各品牌的代表性车型。本书文字简洁生动，同时配有精美的图片，可以帮助小朋友对世界名车形成一个直观的认识，拓宽眼界。

目 录
CONTENTS

阿尔法·罗密欧

4C 系

汽车名片

总　　部：意大利米兰
创 始 人：尼古拉·罗密欧
主要车系：Giulietta、4C、8C
成立时间：1910年

　　1910年，在意大利米兰诞生了一个传奇汽车品牌，它就是阿尔法·罗密欧。从创立开始，阿尔法·罗密欧的造车目标就是生产高性能跑车以及跑车化轿车，并且成绩卓著。

车标故事

它的车标很特别，车标中的十字是为了纪念古代东征的十字军骑士，右边是一条龙形蛇，是本地一个贵族的家族徽标。这一标志现在已经成为汽车世界中最著名的标志之一。

辉煌战绩

1918年，意大利脱离独裁统治，阿尔法车厂的经营体系首次发生变革，尼古拉掌握了经营权，他在战火余烬中重新整建厂房，并将自己的姓氏嵌入厂徽中，成为"Alfa Romeo"，从此展开峥嵘头角、雄霸赛车界的辉煌征战。

名车欣赏

Brera

GTV 系

MiTo 系

Giulietta

阿斯顿·马丁

V12 Vantage

汽车名片

总　　部：英国盖顿

创 始 人：莱昂内尔·马丁、罗伯特·班福德

主要车系：DB5、DB6、DB7、DBS、Vantage、Vanquish以及ONE-77

成立时间：1913年

　　一提到阿斯顿·马丁，就会让人想到007詹姆斯·邦德的传奇故事，阿斯顿·马丁的成功也有他的一份功劳。马丁是一个有钱的赛车手，而班福德则是一名工程师，1913年两人合作开始制造高档赛车，公司当时的名称是马丁·班福德公司，1914年他们生产出自己的第一辆汽车。

 车标故事

阿斯顿·马丁汽车的车标为一只展翅飞翔的大鹏，喻示该公司像大鹏鸟一样，具有从天而降的冲刺速度和远大的志向。车标上分别注有阿斯顿、马丁英文字样，表明是一家"三结义"汽车公司。

经典款型

每一个品牌都会有一款经典的车型，而说起阿斯顿·马丁，则不得不提到DB系列。从DB1到现在的DB11，每一款车皆汇聚了阿斯顿·马丁追求的永恒、优雅、纯粹的元素，并将"美感"体现得淋漓尽致。

名车欣赏

DB-7

Virage-1

Rapide-2

Virage-2

奥迪

A6 系

汽车名片

总　　部：德国英戈尔施塔特
创 始 人：奥古斯特·霍希
主要车系：A1、A2、A3、A4、A5、A6、
　　　　　A7、A8、Q1、Q3、Q5、Q7、
　　　　　TT、R8以及S、RS性能系列
成立时间：1910年

奥迪是世界上最成功的汽车品牌之一。公司总部设在德国的英戈尔施塔特，并在中国等许多国家有分公司，奥迪是价位比较适中的中高档车。

 **车标故事**

奥迪汽车以4个圆环作为标志。1932年，奥迪公司与霍希、漫游者以及DKW三家公司合并，成立了"联合汽车公司"。由于该公司由4家公司合并而成，因此每一环都代表其中一个公司，意味着四家公司地位平等，团结紧密，整个联盟牢不可破。

受众很广

在德国，奥迪是年轻人最钟爱的汽车品牌之一，其中A3和S3的小型四缸汽车尤其受欢迎。事实上，奥迪的受众人群很广，男女老少通吃。销量最好的车型是A3、A4和A6，尤其是旅行版，欧洲人更偏爱两厢车。

名车欣赏

A7 系

TTS 系

A3 系

Q7 系

宝马

6 系

汽车名片

总　　部：德国慕尼黑
创 始 人：吉斯坦·奥托
主要车系：1、3、5、7、i、X、Z
成立时间：1916年

100多年来，宝马公司由最初的一家飞机引擎生产商逐渐发展成为以高级轿车为主导，并生产享誉全球的飞机引擎、越野车和摩托车的企业集团，名列世界汽车公司前列。

车标故事

宝马标志中间的蓝白相间图案，代表蓝天、白云和旋转不停的螺旋桨，喻示宝马公司悠久的历史，象征该公司过去在航空发动机技术方面的领先地位，又象征公司的一贯宗旨和目标：以汽车的高质量、高性能和高技术为追求目标，享誉全球。

宝马在中国

自1923年第一辆BMW R32诞生起，BMW摩托车即成为创新的代名词。经典的双缸对置式发动机结构被沿用至今，流线型设计、安全和排放技术领先于行业标准。2006年，首家BMW摩托车旗舰店登陆北京，将世界尖端品质和极致驾驶激情引入中国。

名车欣赏

Z4

1 系

X6

3 系

保时捷

保时捷 918

汽车名片

总　　部：德国斯图加特
创 始 人：费迪南德·保时捷
主要车系：911、Boxster、Panamera
成立时间：1930年

保时捷以生产高级跑车而闻名于世界车坛。对于跑车而言，"保时捷"无异于一个全球意义上的代名词。

车标故事

保时捷的图形车标采用公司所在地斯图加特市的盾形。早在16世纪，斯图加特就是名马产地，车标的左上方和右下方是鹿角的图案，表明该地也曾是狩猎的场所。右上方和左下方的黄色条纹是成熟麦穗的颜色，黑色意味着肥沃的土地和带给人们的幸福，红色则象征着人们的智慧。

电动汽车之父

保时捷的创始人费迪南德·保时捷被称为"电动汽车之父"。他在24岁时就发明了电动轮套马达。在1900年的巴黎国际展览会上，保时捷已经名扬四海了。1915年他把电动轮套马达装上火车，美国有一列超过一百米长的火车至今还装有这种电动马达。

名车欣赏

保时捷卡宴

Boxter 系

911 系

Cayman

本田

本田讴歌

汽车名片

总　　部： 日本
创 始 人： 本田宗一郎
主要车系： 雅阁、思域、凌派、歌诗图、CRV
成立时间： 1948年

　　本田公司是世界上最大的摩托车生产厂家，其汽车产量和规模也居世界前列。本田一直以梦想作为原动力，让世界各地顾客满意是本田开拓事业的理念。

车标故事

本田公司的车标是一个带框的"H"，也被称为三弦音箱式商标，这个商标图案中的H是本田日文拼音Honda的第一个字母。本田公司认为，这个图案把技术创新、团结向上、经营有力、紧张感和轻松感体现得淋漓尽致。

F1赛场之王

本田公司的雅阁和思域多次被用户评为质量最佳和最受欢迎的汽车。在1991年10月的日本铃鹿GP赛车场上，号称"天生赢家"的F1赛车名将塞纳驾驶配置本田V型12汽缸引擎的F1赛车，以1小时32分11.039秒的优异成绩，夺得了该年度的F1世界冠军。

名车欣赏

爵士

歌诗图

CR-V 系

Insight

讴歌

讴歌 RDX

汽车名片

总　部：美国
创始人：本田宗一郎
主要车系：讴歌、阿库拉、本田极品
成立时间：1986年

　　讴歌是日本本田针对北美市场成立的汽车品牌，车型设计也融入了北美基因。从诞生之日起，讴歌不断提升其豪华车型的性能标准，以卓越的工程学及霸气十足的造型而著称。

车标故事

　　讴歌的图案是一个机械的卡钳，寓意讴歌对细节的关注和技术的精湛！在两个钳把之间加入了一个小横杠，由此用象形的大写字母"A"来代表这一品牌，都寓意着讴歌这一代表着最高造车水平品牌的核心价值：精确、精密、精致。

登陆中国

　　讴歌自1986年在美国诞生以来，便备受人们推崇，迅速成为北美市场上最成功的豪华品牌之一。2006年，讴歌登陆中国，带来了全新的北美"运动豪华"之风。2011年11月4日，讴歌ZDX车型在中国上市，这款车与众不同，个性十足。

讴歌 NSX GT3

讴歌 MDX

讴歌 TLX

讴歌 CDX

别克

君越

汽车名片

总　　部：美国
创 始 人：大卫·邓巴·别克
主要车系：凯越、君威、林荫大道
成立时间：1903年

别克最开始是个独立的汽车制造商，现在是美国通用汽车公司旗下的品牌。别克在中国拥有众多用户，是最具知名度的汽车品牌之一。

车标故事

别克的车标以一个圆圈中包含三个盾为基本图案，它的排列给人们一种起点高并不断攀登的感觉，象征着一种积极进取的精神。

别克与中国

今天，在中国各大城市的道路上，别克的身影随处可见，并以优越的性能获得了广泛认可。1924年，已退位的清朝末代皇帝溥仪购买了一辆当时最新式的别克四门豪华轿车，时价现大洋3000块。

名车欣赏

林荫大道

新昂科拉

英朗

GL8

宾利

Birkin Mulsanne 限量版

汽车名片

总　　部：英国克鲁郡
创 始 人：沃尔特·欧文·本特利
主要车系：添越、欧陆、飞驰、慕尚、雅致
成立时间：1919年

　　手工精制是宾利的传统，自1931年以来，其造车手艺亦是代代相传，经千锤百炼，品质完美无瑕。它曾被英国汽车杂志赋予"现代感魔幻车"的称号。

车标故事

宾利车标设计通过简洁圆滑的线条勾勒出一对飞翔的翅膀，整体恰似一只展翅高飞的雄鹰。中间的字母"B"为宾利汽车创始人Bentley名字的首字母，令宾利汽车既具有帝王般的尊贵气质，又起到纪念设计者的意味。

历经洗礼

第一次世界大战期间，宾利以生产航空发动机而闻名，战后才开始设计并制造汽车产品。在近百年的历史中，宾利历经时间的洗礼，依然历久弥新，熠熠生辉，呈现给世人的永远是尊贵、典雅、动力、舒适。

名车欣赏

speed8

欧陆 GT

慕尚

雅致

标致

PEUGEOT

508

汽车名片

总　　部： 法国蒙贝利亚尔
创 始 人： 阿尔芒·标致
主要车系： 标致201、标致206、标致307
成立时间： 1896年

　　标致汽车公司最初是生产自行车的，后来才开始生产汽车和摩托车。直到现在，标致还是法国最为重要的机动脚踏车生产商。

车标故事

标致的车标是一只站立的狮子。这只狮子的线条简洁、明快、刚劲有力，象征着更为完美、更为成熟的标致汽车。

创新产品

对于标致来说，创新一直是一个强有力的优势，能更好地满足客户的需求及期望。以东风标致508为例，其仪表板简洁纯美，与外部达到了高度统一，精细的用料搭配，无可挑剔的工艺，使508的整体内饰考究而耐用，富有极强的科技感。

名车欣赏

208

207cc

307

RCZ

铃木

天语 SX4

汽车名片

总　　部：日本
创 始 人：铃木道雄
主要车系：昌河铃木、长安铃木
成立时间：1920年

　　铃木于1952年才开始生产摩托车，1955年开始生产汽车，以生产微型汽车为主。铃木认为，为客户提供高品质、高性能、使用方便、乘坐舒适的汽车是铃木的使命。

 **车标故事**

铃木商标图案中的"S"是"SUZUKI"单词中的第一个大写字母，代表无穷的力量，象征无限发展的铃木汽车公司。

 **铃木Baleno车型** 认名车

铃木曾发布过一款Baleno车。从外观来看，铃木Baleno是基于iK-2概念车打造而成，是一款五门紧凑型两厢车。新车采用了铃木最新家族式的展翼式进气格栅，前大灯则借鉴了速翼的造型设计。

 **名车欣赏**

Crosshiker 概念车

速翼特

S-cross

天语尚悦

大众

帕萨特

汽车名片

总　　部：德国沃尔夫斯堡
创 始 人：费迪南德·保时捷
主要车系：大众CC、大众辉腾
成立时间：1937年

大众公司的设想就是要生产一种廉价汽车，让每个德国人，至少是每位德国职工，都能拥有自己的汽车。

车标故事

大众汽车公司的德文Volks Wagenwerk，意为大众使用的汽车，标志中的VW为全称中头一个字母。标志由"V"组成，表示大众公司及其产品必胜－必胜－必胜！

大众帕萨特

Passat本意是一股南美洲季风的名字，它每年均匀而稳定地从大西洋南部吹向赤道方向，坚持而执着，恒久不变。帕萨特汽车的水滴状的外形，一直让人感觉到无比流畅。自1974年首次面市以来，帕萨特汽车在欧洲和中国取得了巨大成功。

名车欣赏

CC

朗逸

途锐

甲壳虫

道奇

道奇蝰蛇

道奇素以价廉和大众化著称，颇受欢迎。起初，道奇的工厂为福特汽车生产零件。由于福特的成功，公司创始人道奇兄弟因此获益，并开始发展自己的公司，成为福特的对手。

车标故事

道奇的文字商标采用公司创始人道奇兄弟的姓氏"Dodge";图形商标是在一个五边形中有一羊头形象,该商标象征"道奇"车强壮剽悍,善于决斗,表示道奇的产品朴实无华、美观大方。

道奇在中国

第二次世界大战期间,道奇顺风汽车成为中国高级将领及政府官员的座驾。20世纪六七十年代,道奇向北京、上海等城市提供长途客车、货运汽车、公交车以及进藏的主要运输车辆。

名车欣赏

切诺基

皮卡

Durango

Charger

斯柯达

ŠKODA

野帝

汽车名片

总　　部：德国
创 始 人：金宇中
主要车系：明锐、晶锐、昊锐
成立时间：1895年

斯柯达是德国大众汽车公司的经典品牌之一，是世界上历史最悠久的四家汽车生产商之一。其产品设计人性化，功能多样而实用。

车标故事

斯柯达的车标为一个圆形的图案，中间是一支载着3支羽毛向右飞行的绿色飞箭，3支羽毛象征斯柯达技术进步的产品行销全世界，向右飞行的飞箭象征斯柯达先进的工艺及无限的创造性，绿色象征着希望，体现出斯柯达重视环境，也象征斯柯达无限的生命力。

一度辉煌

1924年，斯柯达获得许可生产豪华车型Hispano Suiza，这款极尽奢华车堪称当时世界上最贵的汽车，它的底盘价格甚至比当时的劳斯莱斯还贵。1926年春天，斯柯达将第一辆Hispano Suiza献给捷克斯洛伐克第一任总统马萨里克。

名车欣赏

速尊

明锐

晶锐

昊锐

法拉利

FF

汽车名片

总　　部：意大利
创 始 人：恩佐·法拉利
主要车系：California、458、599、F12berli
成立时间：1929年

法拉利主要生产一级方程式赛车、赛车及高性能跑车。早期的法拉利主要赞助赛车手及生产赛车，1947年开始独立生产汽车。

车标故事

法拉利车的车标是一匹跃起的马。在第一次世界大战中，意大利一位出色的飞行员驾驶的飞机上就有这样一匹能给他带来好运气的跃马。后来，飞行员的父母建议法拉利也在车上印上一匹跃马。飞行员战死后，马就变成黑色的。而车标底色的黄色是法拉利所在地摩德纳的金丝雀的颜色。

赛车之父

恩佐·法拉利被誉为"赛车之父"，他嗜车如命。13岁时，他就开始自己单独驾车。赛车场上发动机的轰鸣声，比赛的惊险和刺激，使他越战越勇，他被队友们誉为赛车队的"骑士"。后来，他由参加赛车到组建赛车俱乐部，最后创建了自己的汽车公司。

名车欣赏

512M 系

F40

458 系

California

菲亚特

Panda Cross

汽车名片

总　　部：意大利都灵
创 始 人：乔瓦尼·阿涅利
主要车系：菲翔、致悦、菲亚特500、菲跃
成立时间：1899年

　　菲亚特汽车公司是世界上第一个生产微型车的汽车生产厂家。现在，菲亚特集团是意大利最大的工业公司，也是欧洲汽车工业的缔造者之一。

车标故事

菲亚特的车标最初是盾形的，后几经变化。1906年，开始采用公司的首字母大写"F.I.A.T"为商标。"FIAT"在英语中具有"法令""许可"的含义，因此在客户的心目中，菲亚特轿车具有较高的合法性与可靠性。

菲亚特在中国

作为超过百年历史的经典品牌，菲亚特一直被视为完美汽车的缔造者。1999年4月，南京菲亚特成立，标志着菲亚特首次以合资企业的形式进入中国。

名车欣赏

菲翔

乌诺

菲跃

500 系

丰田

凯美瑞

汽车名片

总　　部：日本
创 始 人：丰田喜一郎
主要车系：卡罗拉、花冠、凯美瑞、柯斯达
成立时间：1933年

丰田是日本最大的汽车公司，也是世界十大汽车工业企业之一。丰田汽车主要生产一般大众性汽车、高档汽车、面包车、跑车、四轮驱动车、商用车等车型。

车标故事

丰田车标中的大椭圆代表地球，中间由两个椭圆垂直组合成一个T字。它象征丰田公司立足于未来，对未来的信心和雄心；象征着丰田公司立足于顾客，对顾客的承诺；还象征着用户的心和汽车厂家的心是连在一起的，相互信赖；同时喻示着丰田的高超技术和革新潜力。

进军F1

不管在世界上哪个地方制造的丰田车，都会尽力做到全球统一的丰田高品质，始终如一。这也许是丰田能在全球取得成功的一个秘诀。2000年，丰田公司作为一只独立的车队参加F1赛事，这是世界上除了法拉利车队之外，仅有的一家发动机和底盘全部自己生产的车队。

名车欣赏

FCV

丰田 GT86

霸道

锡耶纳

福特

野马敞篷版

汽车名片

进军F1总部：美国
创 始 人：亨利·福特
主要车系：翼虎、F系列、锐界、福克斯
成立时间：1903年

福特创立于1903年，遵循创始人亨利·福特的梦想——制造人人都买得起的汽车，在历经一个世纪的风雨沧桑后，终于成为世界四大汽车集团公司之一。

车标故事

车标选用"福特"的英文字母Ford，图案为福特汽车公司标志蓝底白字，形象化地构成一只充满活力的兔子，象征福特汽车奔驰在世界各地，令人爱不释手。

汽车之父

亨利·福特有"汽车之父"之称。1908年，福特生产出世界上第一辆属于普通百姓的汽车——T型车，世界汽车工业革命就此开始。此后，福特又开发出了世界上第一条流水线，使T型车销量达到了1500万辆。

名车欣赏

蒙迪欧

皮卡

Taurus

Smax

悍马 **HUMMER**

H2

汽车名片

总　　部：美国
创 始 人：乌特
主要车系：H1、H2、H3
成立时间：1903年

　　美国AM General汽车公司是美国汽车公司的子公司，以生产悍马而扬名世界。1991年2月，"海湾战争"正式结束后，悍马在战场上英勇的形象，广受美国民众的喜爱。1992年，第一辆民用悍马一经推出，立刻赢得了众多青睐。

车标故事

美国军方于20世纪70年代末，总结越战经验后，发现需要新一代的轻型多用途军车。当时军方所需要的军用车需符合高机动性、多用途、有轮（非履带式）的要求，简称HMMWV，后来取自HMMWV的昵称Humveer，译音而成HUMMER。

力量和霸气的H2

H2尊崇悍马的力量和霸气，发扬其优良传统，同时保留并改进了这个生猛而强壮的偶像形象。H2就像一台高性能电脑，用简单流畅的方式发挥精确而复杂的功能，而且每个部件都身兼多职，可以说是用艺术包装起来的实用工具。

名车欣赏

悍马加长

H1

H3

HX 概念车

红旗

红旗H7

H7

总　　部：中国长春
创 始 人：一汽员工
主要车系：世纪星、概念车HQD
成立时间：1958年

　　红旗车在中国是个家喻户晓的品牌，新中国发生的太多历史事件都与"红旗"有关。在国人心里，它有其他品牌所不能代替的位置。

车标故事

红旗图形商标立在发动机盖的前端；另一商标是在椭圆中有一个带羽毛的"1"，表示"一汽"。红旗新商标以"第一"的"一"字形为依托，将代表全球的椭圆与"1"字形有机结合起来，构成简洁、流畅、活泼的造型，强调了"第一"的品牌意义。

中国标志

1960年初，一汽开始以CA72型为基础改制了三排座型的"红旗"轿车，在1965年国庆节前夕定型生产。1965年9月，第一辆"红旗"样车被送到北京，彭真在东西长安街上试坐了一下，他对这部车后座可移动的设计表示特别满意。后来，红旗车经国家验收定型为中国的高级轿车。

名车欣赏

SUV

L7

LS5

盛世

吉普 **Jeep**®

牧马人

汽车名片

总　　部：美国
创 始 人：无
主要车系：牧马人、切诺基、指南者、自由客
成立时间：1941年

　　世界上第一辆Jeep越野车是1941年在第二次世界大战中为满足美军军需而生产的。它隶属于克莱斯勒公司，产品有牧马人和切诺基等。

车标故事

吉普的车标就是吉普的英文"JEEP"。关于"吉普"这一名称的由来，有人说是因为它是一种多用途车，用英语说就是GENERAL PURPOSE，缩写成"GP"，与当时漫画中一种无所不能的鸟儿的叫声很像，所以士兵们便称它为"吉普"。

战争法宝

第二次世界大战是吉普诞生的摇篮，它运送盟军士兵穿梭于比利时的泥沼地、缅甸的丛林和撒哈拉大沙漠之间，几乎每个战场都能看到它的身影，而它也凭借轻巧灵活、马力强劲等特点赢得了"战场出租车"的美誉。盟军总司令艾森豪威说："Jeep，飞机和登陆艇是我们赢得战争胜利的三大武器。"

名车欣赏

自由客

切诺基

自由光

指南者

捷豹

XFR

汽车名片

总　　部：英国
创 始 人：里昂斯
主要车系：C-X75、E-type、XJL
成立时间：1922年

　　捷豹自诞生之初，就深受英国皇室的推崇，从伊丽莎白女王到查尔斯王子等皇室贵族无不对捷豹青睐有加，捷豹更是威廉王子大婚的御用座驾，尽显皇家风范。

车标故事

捷豹的车标为一只正在跳跃前扑的"美洲豹"，矫健勇猛，形神兼备，具有时代感与视觉冲击力，它既代表了公司的名称，又表现出向前奔驰的力量与速度，象征该车如美洲豹一样驰骋于世界各地。

科技生命力

捷豹不仅拥有惊艳的外观，更是时尚、速度的代名词。以人的需求、以科技之力激发生命活力是捷豹赋予科技的生命力。捷豹的科技生命力主要表现为身、心、驭、享四个方面，打开车门的瞬间，捷豹与你的互动就已经开始。

名车欣赏

E–Type

CX17

XJ

XFR

凯迪拉克

ATS

汽车名片

总　　部：美国底特律
创 始 人：亨利·利兰
主要车系：STS、SRX、XLR、XTS
成立时间：1902年

凯迪拉克在汽车行业创造了无数个第一，缔造了无数个豪华车的行业标准。可以说，凯迪拉克的历史代表了美国豪华车的历史。

车标故事

凯迪拉克的车标几经变化，从原先源自贵族纹章的复杂设计，到现在的简约设计，变的是形式，不变的是其内在的贵族气质。它表现出凯迪拉克不停追求创新，与时代同步的创新精神。

闻名世界

凯迪拉克公司创始人亨利·利兰是新英格兰的一名汽车制造商，他非常重视加工精度、制造质量和零件的互换性。1909年凯迪拉克加入通用，从此凯迪拉克在设计汽车时，更加重视汽车的豪华性和舒适性，并以生产豪华轿车而闻名世界。

XTS

CTS

凯雷德

SRX

克莱斯勒

300C

汽车名片

总　　部：美国
创 始 人：沃尔特·克莱斯勒
主要车系：300C、铂锐
成立时间：1925年

克莱斯勒以生产高端汽车著称，同时也是美国三大汽车公司之一。其创始人为沃尔特·克莱斯勒，他是一位天才级的汽车设计师。

车标故事

克莱斯勒的车标从开始的五角到后来的飞翼，几经变迁。2010年，克莱斯勒发布新版Logo，此次的变动保留原先的飞翼形设计，中间是克莱斯勒的英文衬以蓝底，更具有流线型美感。

机械天才

沃尔特·克莱斯勒1875年出生于美国堪萨斯州，他对机械有着浓厚兴趣。一次，他在汽车展览会上看到一辆红色内饰的白色轿车，硬是借钱买了下来。因不会驾驶，就把这辆轿车托运回家，然后将它进行解体，学习、研究如何改进它的设计和构造。

名车欣赏

漫步者

交叉火力

200

铂锐

兰博基尼

Murcielago

汽车名片

总　　部：意大利
创 始 人：佛瑞肯·兰博基尼
主要车系：Gallardo、Aventador、Huracan
成立时间：1963年

　　兰博基尼是全球顶级跑车制造商及欧洲奢侈品标志之一，早期由于经营不善，数次易主，在1998年归入奥迪旗下，现为大众集团（Volkswagen Group）旗下品牌之一。

认名车

车标故事

兰博基尼的车标是一头充满力量、正向对方攻击的公牛。这也贴切地体现出兰博基尼的产品特点：大功率、高速度的运动型轿车。据说兰博基尼本人的个性就是这样不甘示弱的。

小蛮牛Gallardo

2003年，兰博基尼推出了小蛮牛Gallardo。Gallardo的前脸与蜘蛛有些相似，只是头灯细了很多，前轮罩更加圆润；没有采用剪式车门或许是为了强调其巨大的后侧进气口；后轮拱罩的肩部有第二个侧进气口，这是兰博基尼的独创设计。

名车欣赏

SESTO ELEMENTO

Diablo

LP700

盖拉多

劳斯莱斯

古思特

汽车名片

总　　部： 英国
创 始 人： 亨利·莱斯、查理·劳斯
主要车系： 古思特、幻影
成立时间： 1906年

劳斯莱斯是世界顶级豪华轿车厂商，除了制造汽车，劳斯莱斯还涉足飞机发动机制造领域，是世界上最优秀的发动机制造商，著名的波音客机用的就是劳斯莱斯的发动机。

车标故事

劳斯莱斯汽车的标志图案是两个重叠在一起的"R"，这代表查理·劳斯和亨利·莱斯两人的姓氏，寓意为你中有我、我中有你，体现了两人和谐融洽的关系。劳斯莱斯的欢乐女神标志来自巴黎卢浮宫里一尊有2000年历史的胜利女神雕像。

王室专用

劳斯莱斯是一个贵族化的汽车公司，年产量只有几千辆。不过，它却是身份的象征，凡是购买者公司都要对他的身份背景进行审查。爱德华八世、女王伊丽莎白二世、玛格丽特公主等众多英国王室成员的座驾均是劳斯莱斯。

名车欣赏

幻影 2003

魅影

白色幽灵限量版

102EX

雷诺

RENAULT

梅甘娜

汽车名片

总　　部：法国
创 始 人：路易斯·雷诺
主要车系：威赛帝、梅甘娜
成立时间：1898年

　　雷诺公司是世界上历史最悠久的汽车公司之一。目前，雷诺公司是法国第二大汽车公司，主要产品有轿车、公务用车及运动车等。

车标故事

车标以创始人路易斯·雷诺的姓氏命名，图形商标是四个菱形拼成的图案，象征雷诺三兄弟与汽车工业融为一体，表示"雷诺"能在无限的空间中竞争、生存和发展。

雷诺的故事

路易·雷诺1877年生于巴黎，是一个纽扣制造商的儿子。他喜欢摆弄机器，对制造领域充满兴趣，并在家里建了一个小的车间，研究汽车制造，后与哥哥菲尔南德、马塞尔一起创立了雷诺汽车品牌。

名车欣赏

Twingo

DeZir 概念车

风朗

科雷傲

雷克萨斯

CT 系

汽车名片

总　　部：日本
创 始 人：丰田英二
主要车系：RX、LX、GX
成立时间：1983年

　　自问世以来，雷克萨斯就成为了"豪华"的同义词。通过提供最精良的豪华汽车，雷克萨斯成为了一个畅销全球的国际汽车品牌。

车标故事

雷克萨斯即凌志，标志取车名的英文第一个字母，即LEXUS的第一个字母"L"。根据美国丰田汽车销售公司的官方说法，这个椭圆弧度依照精确的数学公式修饰，动用三个以上的设计商和广告商，花了半年多的时间才完成。

雷克萨斯在中国

雷克萨斯是日本丰田旗下的豪华车品牌。1999年起，其在美国的销量超过奔驰、宝马，成为全美豪华车销量最大的品牌。过去，Lexus在中国的译名是凌志，2004年6月8日，丰田公司将Lexus的中文译名由"凌志"改为"雷克萨斯"，开始全面进军中国豪华车市场。

名车欣赏

LFA

LS

GS

RC

莲花

Exige

汽车名片

总　　部：英国
创 始 人：柯林·查普曼
主要车系：Elise、Exige、Evora
成立时间：1952年

　　在汽车界，莲花是个富有传奇色彩的品牌，它与保时捷、法拉利并称世界三大跑车制造商。它旗下的跑车以纯粹的驾驶乐趣和轻量化的设计而著称。

车标故事

莲花汽车的车标是由几个英文字母重叠在一起组成的，分解开是CABC，这是公司创始人查普曼名字的缩写。莲花汽车工艺千锤百炼，品质完美无瑕，处处流露出英国传统造车艺术的精髓：优雅、灵动、恒久、精炼。

冠军赛车

莲花品牌是英国绅士柯林·查普曼的杰作。莲花72型F1单座赛车设计独特，后轮大得出奇，前轮又小得出奇，这种奇特的设计把全部重量移向了车尾，提高了赛车的动力性能。在其所参加的5个赛季的F1比赛中，共夺得了20个分站和3个年度胜利，有冠军赛车之称。

名车欣赏

T5

europa

Elise

Evora

林肯

LINCOLN

MKZ

汽车名片

总　　部：美国
创 始 人：亨利·利兰
主要车系：大陆、马克八世、领航员
成立时间：1907年

　　林肯是第一辆以总统的名字命名、为总统生产的汽车。自1939年以来，林肯车一直被白宫选为总统专车。

车标故事

林肯轿车是以美国第16任总统亚伯拉罕·林肯的名字命名的汽车。其车标是在一个矩形中含有一颗闪闪放光的星辰，表示林肯总统是美国联邦统一和废除奴隶制的启明星，也喻示着福特·林肯牌轿车的光辉灿烂。

总统座驾

林肯汽车是福特旗下的高级汽车品牌，以宽底盘、豪华内饰和加长版外形闻名于世，一直为豪华车家族中的佼佼者，是名副其实的总统座驾。虽然通用汽车旗下的凯迪拉克也曾被选为美国总统座驾，但林肯作为总统座驾的时间更长些。

名车欣赏

MKT

林肯城市

领航员

MKS

路虎

神行者

汽车名片

总　　部：英国
创 始 人：Spencer和Maurice Wilks兄弟
主要车系：神行者、极光、发现、揽胜、卫士
成立时间：1948年

路虎是冒险、勇气和至尊的代名词，闪耀在各款汽车当中。路虎以生产四驱车而闻名于世。2008年，印度塔塔集团从福特手中以23亿美元的价格收购了路虎。

车标故事

在中国大陆"LAND ROVER"曾被翻译成"陆虎"。正式在中国销售前，国人一度把Landrover翻译成"陆虎"，可当其准备正式在中国上市时路虎公司却发现"陆虎"已被国内一家汽车企业抢注，他们只好转而注册"路虎"商标。其车标就是英文：LAND-ROVER。

品牌至上

在四驱车领域，路虎公司不仅拥有先进的核心技术，而且充满了对四驱车的热情。它是举世公认的权威四驱车革新者。

名车欣赏

发现

神行者

DC100

揽胜

霍顿

Calais

 汽车名片

总　　部： 澳大利亚
所属公司： 通用汽车
主要车系： 霍顿Monaro、霍顿Commodore皮卡
成立时间： 1856年

　　霍顿是一个澳大利亚的汽车品牌，它隶属美国通用汽车公司。目前霍顿公司旗下共有 20 种车型，从两厢小型车到四轮驱动的SUV，从家用轿车到商用皮卡，应有尽有。

车标故事

霍顿的车标，是一只狮子滚球的红色圆形浮雕，它的设计灵感来自一则古老传说。埃及狮子滚石头的情景启迪人类发明了车轮。今天的霍顿不但称霸澳大利亚车坛，还以锻造强劲发动机而闻名于世。

进军全球市场

直到1948年，霍顿才开始生产自己的车型，并生产出了澳大利亚历史上第一辆自己生产的汽车"48-215"。今天的霍顿无论是品牌，还是产量，早已从一个本地的汽车品牌发展成为一个面向全球的汽车公司。

名车欣赏

Trax

皮卡

Commodore

Evoke

马自达

MX-5

MAZDA是日本最著名的汽车品牌之一，是世界著名汽车品牌。马自达公司是日本第四大汽车制造商，也是世界上唯一研发和生产转子发动机的汽车公司。

车标故事

与福特公司合作之后，马自达采用了新的车标，椭圆中展翅飞翔的海鸥，预示着公司将展翅高飞，同时又组成"M"字样。"M"是"MAZDA"第一个大写字母，而"MAZDA"又是最接近松田重次郎姓氏的英文拼写单词。

转子引擎

马自达的转子引擎是由德国工程师汪克尔博士在1956年研发的，具有重量轻、功率大、宁静和灵敏等优点，至今只有马自达汽车公司独家使用。马自达RX-8四门四座跑车具有马自达独有的转子引擎技术，迅速敏捷、空间宽敞、经济实用，创造了全新的新一代运动跑车形象。

名车欣赏

Kiyora

ATENZA

3 系

CX7

玛莎拉蒂

GT

汽车名片

总　　部： 意大利
创 始 人： 玛莎拉蒂家族四兄弟
主要车系： GranCabrio、Quattroporte、Ghibli
成立时间： 1914年

玛莎拉蒂以生产运动车著称。如今的玛莎拉蒂为菲亚特所有，全新轿跑系列体现了意大利顶尖轿跑车的制作技术，也是意大利优质工匠设计思维的完美结合。

车标故事

玛莎拉蒂汽车的车标是在树叶形的底座上放置的三叉戟标志。相传，三叉戟是希腊神话中海神的武器，同时也是公司所在地意大利博洛尼亚市的市徽。该商标表示玛莎拉蒂汽车就像浩渺无垠的大海般咆哮澎湃，喻义玛莎拉蒂汽车快速奔驰的形象。

轿跑车

玛莎拉蒂汽车有跑车的马力、装置以及特有的线条，还有轿车的四门车厢和豪华内饰，同时兼具轿车和跑车的特点，人们为它创立了一个新的名词——轿跑车。

名车欣赏

总裁 4

Spyder

Gran Sport

MC12

迈巴赫

57S

汽车名片

总　　部：德国
创 始 人：卡尔·迈巴赫
主要车系：迈巴赫Zeppelin
成立时间：1921年

　　在世界汽车历史上，迈巴赫是一个充满传奇色彩的品牌。它独特的设计和精湛的制造工艺，使它在20世纪初成为代表德国汽车工业最高水平的杰作。

车标故事

迈巴赫具有传奇色彩的品牌标志由2个交叉的M，围绕在一个球面三角形里组成，新的轿车将仍采用这个经典的标志，稍有不同的是，先前双M代表"迈巴赫汽车"，现在双M意味着"迈巴赫制造"。

缔造传奇

卡尔·迈巴赫的父亲威廉·迈巴赫，发明了第一辆"梅赛德斯"汽车，这辆汽车在1901年3月引起了不小的轰动。1919年，父子俩共同缔造了"迈巴赫"这一传奇品牌，开始专注于豪华汽车生产。

名车欣赏

Zeppelin

57S

Exelero

62S

迷你

country man

总　　部：英国
创 始 人：亚历克斯·伊西戈尼斯
主要车系：Clubman
成立时间：1959年

迷你汽车拥有小巧的车型和高贵的品质，一下就吸引了人们的目光。迷你轿车成为家庭化的轿车，被称为汽车史上的六大里程碑之一。

迷你的车标，就是Mini这个悦耳又响亮的名字的英文拼写。宝马公司收购迷你后，将迷你的标志全部改为大写，即MINI。50年来，MINI车售出超过500万辆以上，世界各地都有MINI车迷组织。

1961年，赛车工程师约翰·库珀将赛车血统注入汽车性能内，使实用别致的小车摇身变成赛车场上的传奇，自此成为英国车坛之宝。

名车欣赏

CLUB MAN

CABRIO

VISOON

minipaceman

名爵

MG7

汽车名片

总　　部：英国
创 始 人：威廉·莫里斯
主要车系：MG7
成立时间：1924年

　　名爵以生产著名的MG系列敞篷跑车而闻名。MG跑车向来以独特的设计、精细的做工和优良的性能而著称。名爵曾得到英国名流们的喜爱，多次被选为首相座驾。

车标故事

　　"名爵"是人们对威廉·莫里斯的尊称。名爵汽车以八角形形状及大写字母MG作为标志。"名"象征着名扬四海，成就巨大；而"爵"象征着高贵，同时昭示出一种由岁月积淀而来的深沉与荣耀，代表着产品卓尔不群的品质。

MG之父

　　威廉·莫里斯原本是一个普通的自行车修理工，靠4英镑起家，他在1910年建立了莫里斯车库。之后，他从汽车经销改为制造和研发，并在1920年生产了第一辆莫里斯汽车。他执着于自己的汽车工业家梦想，被称为"MG之父"，还被封为了勋爵。

名车欣赏

MG5

CS

MGTF

MG3

认名车

摩根

MORGAN MOTOR COMPANY

VX07 GHZ

Aero

汽车名片

总　　部： 英国
创 始 人： 摩根
主要车系： Aero、Plus、3 Wheeler、Roadster
成立时间： 1909年

　　摩根是汽车制造企业中的老牌子，年龄比保时捷、法拉利都大得多，至今已有100多年历史。对于购买摩根车的英国车迷来说，通常要等五年才能提车，而得到特殊照顾的外国客户也需要等1年以上。

摩根汽车的车标是一个被车轮衬托着的"Morgan"十字架，车轮两侧是展开的双翼，象征着驾驶摩根汽车可以快速飞翔。

"我们不打算从事大批量制造，我们宁可用双手一个一个地来拧紧螺丝。"在钣金车间里，工人都是用双手直接剪裁钢板或铝板。一些焊接部位也是靠手工打磨的。车身的油漆有时竟要经过9道工序才能完成。摩根工厂的150位职工一年大约只能生产500辆车。

名车欣赏

3Wheeler

4-4

plus8

Roadster

欧宝

麦瑞纳

汽车名片

总　　部：德国吕赛尔海姆
创 始 人：阿德姆·奥贝尔
主要车系：雅特、成达、赛飞利、
　　　　　GT跑车、E-Flex概念车
成立时间：1862年

欧宝公司最初是生产缝纫机和自行车的。1899年，老欧宝的两个儿子弗里茨和威廉搞起了汽车和摩托车制造，并以父亲的名字"亚当·欧宝"命名工厂，欧宝的名字一直沿用至今。

车标故事

"欧宝"曾被译为奥贝尔，取自创始人阿德姆·奥贝尔的姓氏。其车标由图案和文字两部分组成。图案代表公司的技术和发展，像是闪电一样划破长空，震撼世界，喻示汽车如风驰电掣，同时也炫耀它在空气动力学方面的研究成就。

新欧宝亮相

在2015年的德国法兰克福车展上，欧宝品牌旗下的新一代雅特K正式亮相。自1936年起，欧宝紧凑型车就在不断创造着历史，为民众提供了优质且高性价比的车辆。最新几代的欧宝产品也为高端市场配置各项技术和创新成果，并走近寻常百姓。

名车欣赏

赛飞利

Cascada

MOKKA

雅特 TT

日产

Invitation 概念车

汽车名片

总　　部：日本
创 始 人：田建治郎
主要车系：骐达、蓝鸟轩逸、天籁
成立时间：1914年

日产是日本的第二大汽车公司，也是世界十大汽车公司之一。"NISSAN"是日语"日产"两个字的罗马音形式，是日本产业的简称，其含义是"以人和汽车的明天为目标"。

日产的图形商标是将"NISSAN"放在一个火红的太阳上,简明扼要地表明了公司名称,突出了所在国家的形象,这在汽车商标文化中独树一帜。

对中国人来说,日产是再熟悉不过的汽车品牌。从1990年开始,日产汽车在中国当地生产,并先后组建了郑州日产和东风日产汽车有限公司。在中国市场,日产汽车为消费者提供贴心、舒适和全新的驾驶体验,赢得了广泛赞誉。

天籁

轩逸

奇骏

楼兰

三菱

翼神

汽车名片

总　　部： 日本
创 始 人： 岩崎弥太郎
主要车系： 帕杰罗、EGG概念车
成立时间： 1873年

三菱不是一个单独的公司，是由众多的独立公司组成的团体，最初是依靠岩崎弥太郎设立的九十九商会起家的。三菱主要生产华丽、扶桑、海市蜃楼、米尼卡、枪骑兵等轿车。

车标故事

日本三菱汽车以三枚红色的菱形钻石为车标，显示了三菱素雅而灿烂光华、就像钻石一般的造车艺术。现在，这个标志是三菱组织中各公司全体职工的象征。

EGG概念车

三菱EGG概念车的车身是由铝金属、钢铁、碳纤维、树脂材料及各种塑料做成的，其车身结构还可以发生改变，从整体上看就像一个玩具。它的电池由一款小型燃气发电机来完成能量的补充，此外还通过空气进气口风扇、悬挂、刹车等来实现电能的补充。

名车欣赏

帕杰罗·劲畅

劲炫 ASX

欧蓝德

伊柯丽斯

土星

Outlook

汽车名片

总　　部：美国
创 始 人：无
主要车系：Relay、Aura、Flextreme概念车
成立时间：1985年

　　土星是通用汽车公司旗下的著名汽车品牌之一。1985年通用汽车公司试图通过开发先进的土星牌轿车以抵御外国轿车大规模进入美国市场的冲击。1991年，土星汽车以价格便宜的紧凑型车为主要销售产品。

车标故事

土星是通用汽车公司最年轻的品牌，其车标为土星轨迹线，给人一种高科技、新观念、超时空的感觉，寓意土星汽车技术先进、设计超前且最具时代魅力。

由来故事

尽管土星汽车与太阳系中的行星土星同名，并且它的商标就是土星轨迹的图像，但土星汽车的名称并不是由此而来，而是为纪念一支名叫土星的火箭，它在20世纪六七十年代的时候成功地把美国宇航员送上了月球。

名车欣赏

Aura

VUE

VUE

Sky

沃尔沃

V40

汽车名片

总　　部：	瑞典
创 始 人：	古斯塔夫·拉尔森和阿瑟·格布尔森
主要车系：	V40、V60、S60、S60L、XC60
成立时间：	1927年

沃尔沃是瑞典著名汽车品牌，是全球领先的商业运输及建筑设备制造商，主要提供卡车、客车、建筑设备、船舶和工业应用驱动系统以及航空发动机元器件。

车标故事

"VOLVO"的车标由三部分图形和文字组成。第一部分的圆圈代表罗马战神玛尔斯，它同时也是瑞典钢铁工业的象征；第二部分对角线，其目的是将玛尔斯符号固定在格栅之上，也是VOLVO汽车最为明显的标志；第三部分是VOLVO公司名称注册商标，采用古埃及字体。

三叶草工厂

沃尔沃位于瑞典哥德堡的卡尔玛厂，布局就像一个三叶草图案，沿着三叶草的边缘有25个工作站，每个站负责一部分汽车装配工序，汽车在微机控制下的自动输送装置上绕草叶蜿蜒运行，当走完这25个工作站时，就生产出一辆漂亮的汽车。这种生产方式是继福特流水线生产方式之后的又一重大变革，引起世界产业界的极大关注。

名车欣赏

C70

XC90

V60

S60

现代

IX35

汽车名片

总　部：韩国首尔
创 始 人：郑周永
主要车系：新悦动、雅尊、胜达
成立时间：1967年

现代汽车公司是韩国最大的汽车企业，从建立工厂到独立自主研发仅用了18年，虽然现代汽车的历史较短，但它却浓缩了汽车产业的发展史，是世界汽车工业的一个传奇。

车标故事

现代汽车的车标是椭圆中有一个斜花体字母"H","H"是"Hyundai"（现代英文名称）的首写字母；椭圆既代表方向盘，又可看作地球；"H"和椭圆组合在一起表示现代汽车遍布全世界的理想。

乐于赞助

现代汽车旗下主要有现代汽车、起亚汽车两大品牌。它是2002年韩国与日本合办的FIFA世界杯足球赛的唯一的汽车赞助商。这项赞助覆盖了女子世界杯、联合会杯、世界青年足球锦标赛和17岁以下世界足球锦标赛等所有FIFA相关赛事。

名车欣赏

悦动

朗动

雅尊

格锐

雪铁龙

C5

汽车名片

总　　部：法国巴黎
创 始 人：安德烈·雪铁龙
主要车系：富康、凯旋、毕加索
成立时间：1915年

自1919年起至今，雪铁龙不断努力，致力于让汽车走进千家万户，满足不同的时代需求，雪铁龙公司有法国第三大汽车公司之称。

车标故事

以双人字标为基础，整体采用富有金属感的色泽，轮廓立体圆润，极富时尚和现代气息。双人字造型是雪铁龙标识永恒的主题，以此纪念发明了人字形齿轮传动系统的雪铁龙创始人安德烈·雪铁龙。

涉足汽车制造

第一次世界大战期间，安德烈应征担任炮兵队长。当他发现弹药不足时，主动请缨组建工厂生产炮弹。战后，他审时度势从亨利·福特的成功看到家庭汽车的未来，并于1919年创建以自己名字命名的汽车工厂。就这样，安德烈踌躇满志地开始了自己日后叱咤风云的汽车产业。

名车欣赏

Cactus

DS5

C6

概念车